Fais l'expérience !

Le ballon et la fusée à réaction

C'est pas compliqué la science !

Tu te poses des questions ? Fais toi-même des expériences surprenantes et amusantes pour y répondre. Tu pourras épater tes copains et, surtout, tu apprendras beaucoup de choses sur le monde qui t'entoure.

Parfois, la science, ce n'est pas très compliqué. La preuve, tu n'as pas besoin d'un grand laboratoire ! Le matériel est simple, tu le trouveras chez toi. Chaque expérience a déjà été testée avec des enfants. Parfois, tu auras quand même besoin d'un adulte, c'est écrit au début de la page.

Pour faire d'autres découvertes, viens à l'Espace des sciences, aux Champs Libres à Rennes. Tu découvriras des activités étonnantes au laboratoire de Merlin.

Amuse-toi bien !

Michel Cabaret
Directeur de l'Espace des sciences

Rédaction
Annie Forté
Illustrations
William Augel
Coordination
Nicolas Guillas
Alice Vettoretti
Relecture
Nathalie Dalino, professeur des écoles,
Laurence Le Calvez, professeur agrégé de physique,
Loïc Poullain et Hervé Ferrière,
enseignants et formateurs, physicien et biologiste,
IUFM de Bretagne / UBO Saint-Brieuc, CNRS
Réalisation et mise en page
Anaïs Billaud
Élisabeth Lanvin
Remerciements
Frédérique Colombel, Christelle Massol,
Yvon Lechevestrier

ISBN 978-2-84398-363-4

Découvre les autres tomes :

Fais l'expérience ! La paille et le château d'eau #2
Fais l'expérience ! Le citron et le message secret #3

Mais aussi :

La collection "Sais-tu pourquoi…"
La confiture colle aux doigts ? #1
Les bulles de savon éclatent ? #2
Papy a les cheveux blancs ? #3
La balle rebondit ? #4
C'est l'heure de dormir ? #5
Les oignons font pleurer ? #6

Fais l'expérience !

Le ballon et la fusée à réaction

Éditions Apogée

Ça décolle !

Pourquoi le ballon fonce comme une fusée ?

Le matériel

Ballon de baudruche • ficelle ou fil de nylon
ruban adhésif • chaise • pince à linge • paille

Avec l'aide d'un adulte

L'expérience

1. Coupe une ficelle très fine de 2 mètres de long. Fais-la passer dans une paille bien droite (sans coude). Puis scotche un bout de ce fil sur le dossier d'une chaise.

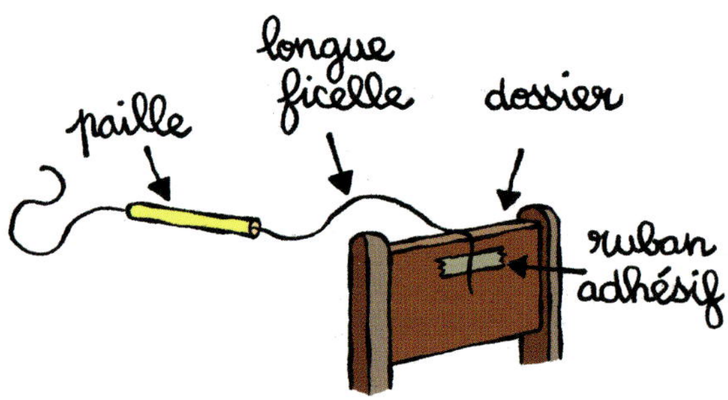

2. Gonfle un ballon au maximum. Ne fais pas de nœud ! Ferme son goulot avec une pince à linge. Ensuite, scotche le ballon sur la paille. Le goulot doit être dirigé vers la chaise, bien parallèle au fil.

3. Demande à un adulte de scotcher l'autre bout du fil en hauteur contre un mur. La ficelle doit être bien tendue. Enlève la pince... Fiou ! Le ballon remonte la pente comme une fusée !

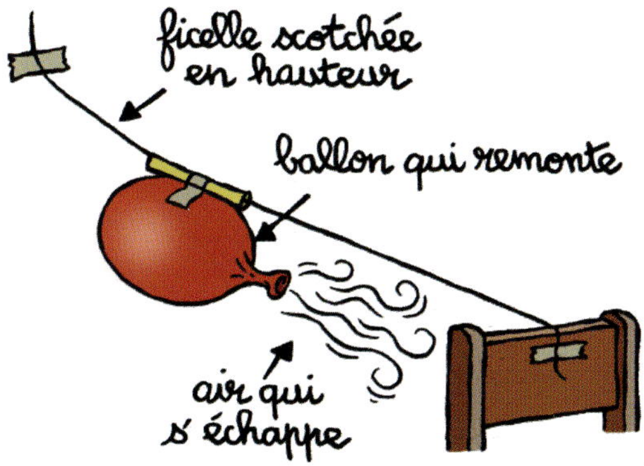

Comment ça marche ?

En soufflant, tu forces de l'air à entrer dans le ballon. À l'intérieur du ballon, l'air est tout serré : il est « sous pression ». En s'échappant du ballon, l'air part dans un sens et cela propulse le ballon dans l'autre sens ! C'est le principe d'action-réaction. Les réacteurs des fusées rejettent aussi du gaz sous pression. Vroum ! Cela propulse la fusée même dans le vide de l'espace !

Une balle rebondissante !

Donne de l'énergie à ta balle de ping-pong

Le matériel

Balle de tennis • ballon de basket • balle de ping-pong • un endroit dégagé

Avec l'aide d'un adulte

L'expérience

1. Installe-toi dans un endroit où il n'y a ni voiture, ni objet fragile ! Laisse tomber en même temps, de la même hauteur, une balle de tennis et un ballon de basket. Ils ne rebondissent pas très haut.

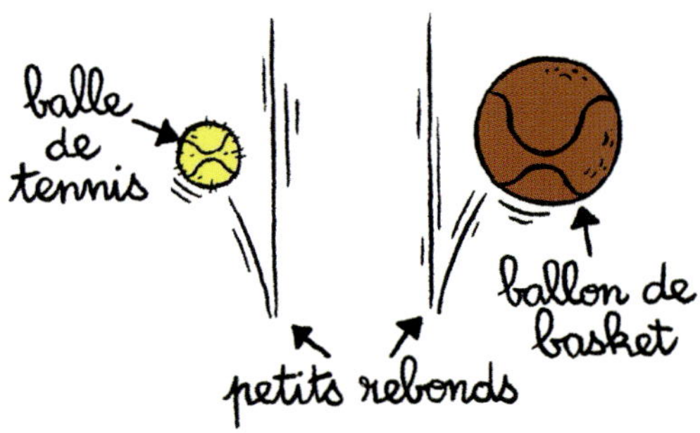

2. Place la balle de tennis juste au-dessus du ballon de basket. Lâche-les ensemble. Attention la tête ! La petite balle rebondit sur la grosse et part bien plus haut qu'avant.

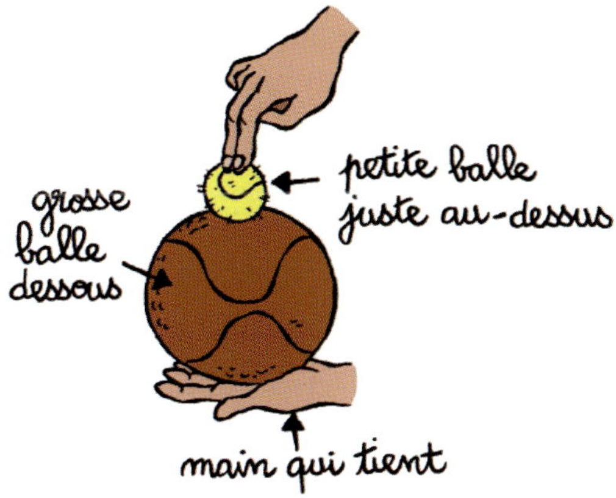

3. Essaie avec une balle de ping-pong sur une balle de tennis. Zou ! La petite balle s'envole. Essaie avec les trois balles l'une sur l'autre… Demande à un adulte de t'aider. La balle de ping-pong part comme une folle !

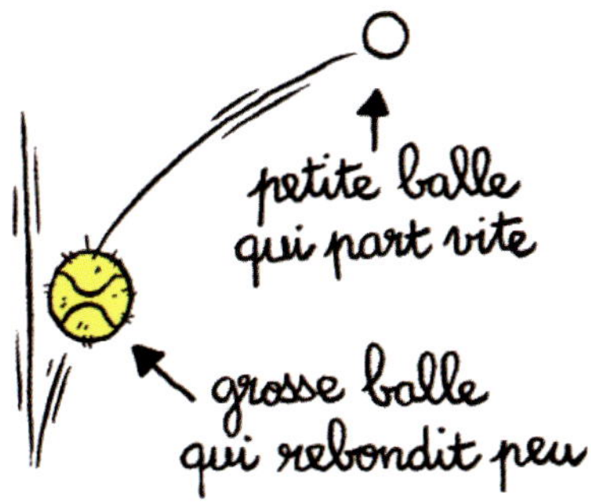

Comment ça marche ?

Lorsqu'un objet tombe, il accélère. Ce mouvement lui donne de l'énergie appelée « énergie cinétique ». Comme le ballon est lourd, il gagne beaucoup d'énergie en tombant et celle-ci lui permet de rebondir. Quand le ballon tape dans la balle de tennis, il lui donne une partie de son énergie. La balle est alors projetée très vite et très haut. Avec trois balles, les énergies s'ajoutent, cela donne un super rebond !

Carrément maboul, l'équilibre

Pourquoi la règle ne tombe pas ?

Le matériel

Pic à brochette en bois • pâte à modeler
longue règle • élastiques en caoutchouc • marteau

Avec l'aide d'un adulte

L'expérience

1. Plante une grosse boule de pâte à modeler au bout d'un pic à brochette en bois. Passe un élastique en caoutchouc autour du pic et d'une longue règle.

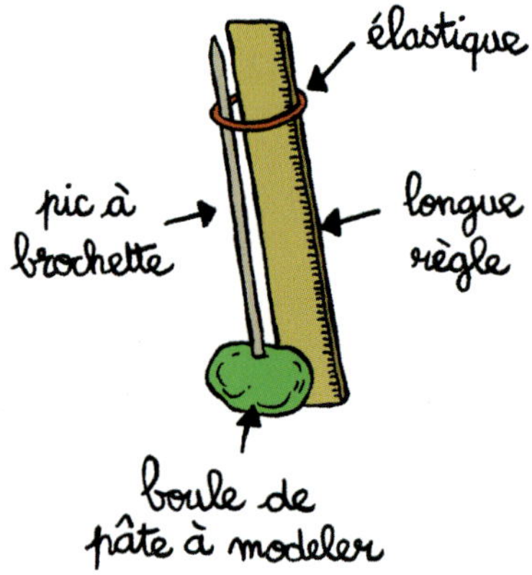

2. Pose la règle au bord d'une table, en plaçant la boule sous la table. Ajuste la position de l'élastique et de la règle : ce montage doit tenir sans que la pâte à modeler ne touche la table. Lâche tout : la règle se maintient au dessus du vide !

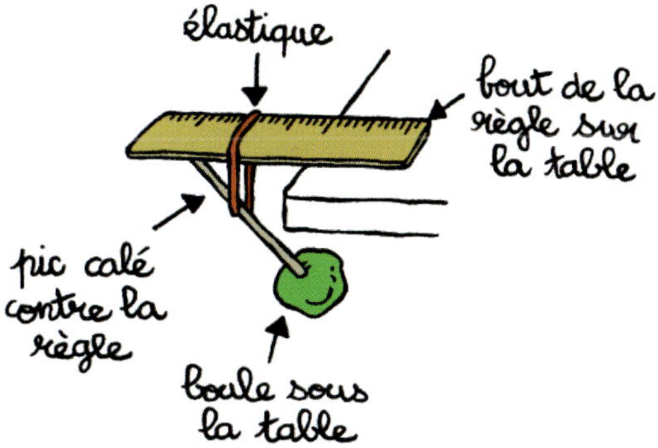

3. Tu peux même faire l'expérience avec un marteau, mais demande l'aide d'un adulte ! Attention, place-toi au-dessus d'un tapis et utilise une règle et un élastique pouvant supporter le poids du marteau.

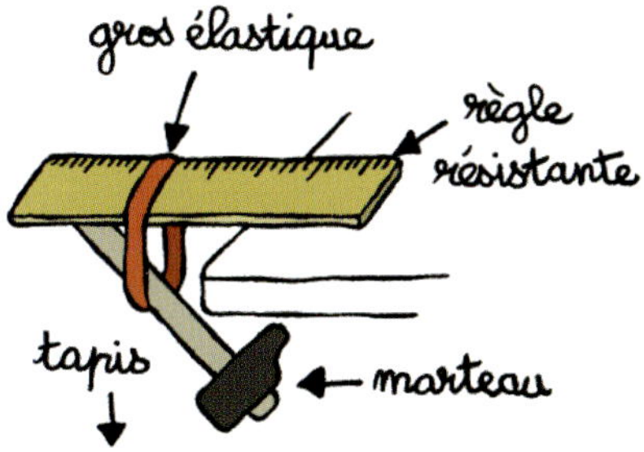

Comment ça marche ?

À cause de son poids, la pâte tire le bout du pic vers le bas et l'autre côté du pic remonte, car cela fait comme une bascule au niveau de l'élastique. Ainsi, le pic repousse la règle vers le haut et il l'empêche de tomber ! Si tu appuies au bout de la règle, tu sens une résistance. C'est le poids de la pâte qui ramène la règle contre la table. Enlève la boule de pâte : la règle tombe !

La fourchette pas discrète

Comment faire un gros bruit avec une petite fourchette ?

Le matériel

Ficelle de cuisine • ciseaux • fourchette

L'expérience

1. Coupe deux grands bouts de ficelle de cuisine à la même taille (la longueur de ton bras). Noue le bout de chaque ficelle autour de la fourchette.

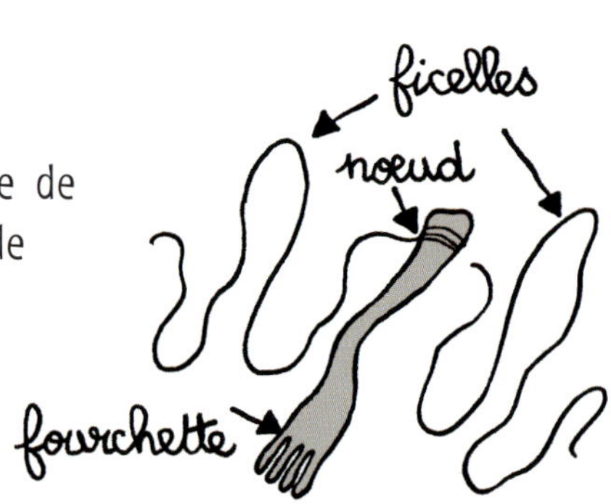

2. Laisse pendre la fourchette et cogne-la contre le bord d'une table. Tu entends un petit son : chting !

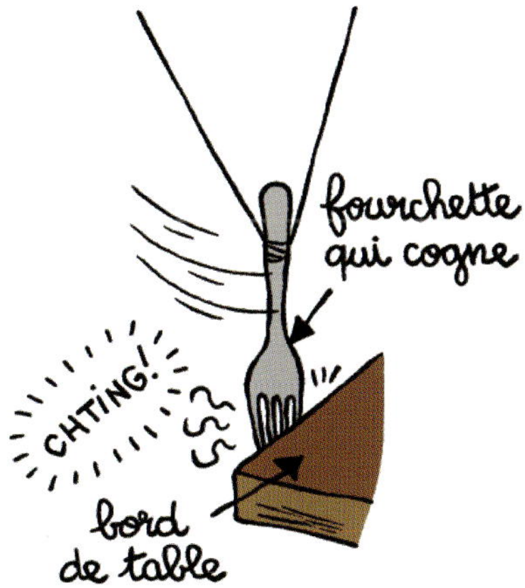

3. Enroule les bouts de ficelles autour de tes index. Mets les doigts dans tes oreilles. Laisse pendre la fourchette pour que la ficelle soit bien tendue. Cogne à nouveau la fourchette. Tu entends un gros son qui résonne comme une cloche : DOONG !

Comment ça marche ?

Quand la fourchette tape sur la table, elle se met à bouger très vite. On dit qu'elle vibre. Cette vibration voyage dans l'air : c'est le son. Le son arrive jusqu'à tes oreilles : chting ! La fourchette fait aussi vibrer la ficelle tendue mais dans l'air, le son se perd dans tous les sens, alors que la ficelle fixée à tes doigts guide le son directement à tes oreilles. Résultat : tu entends le son plus fort, DOONG !

Une odeur qui pique le nez

Tu sens quelque chose ?

Le matériel

Cartouche d'encre • vinaigre • cuillère à café
paille en plastique • 4 verres transparents • tasse

L'expérience

1. Pose 3 verres devant toi. Mets 2 gouttes d'encre dans le premier, 4 gouttes dans le second et 8 gouttes dans le dernier. Puis verse dans le même ordre, une demi-cuillerée à café de vinaigre, 1 cuillerée et 2 cuillerées.

2. Remplis les verres d'eau. Pose-les dans la pièce, loin les uns des autres. Le verre le plus clair contient le moins de vinaigre. Sens-tu quelque chose ? Et dans le verre le plus foncé ?

3. Mets un fond de vinaigre dans une tasse. Trempes-y la paille puis bouche-la avec le pouce. Place-la au-dessus d'un verre d'eau. Relève le pouce pour faire tomber le vinaigre goutte à goutte. Remue. Combien de gouttes faut-il mettre pour sentir son odeur ?

Comment ça marche ?

L'odeur du vinaigre te pique le nez car il contient un acide. Cette odeur doit sortir du liquide et s'envoler pour être détectée par tes narines. S'il n'y a pas assez d'odeur dans l'air, tu ne sens rien ! Tu dois mettre environ 10 gouttes de vinaigre dans le verre pour que ton nez le détecte. La truffe d'un chien le sent bien avant : son odorat est 300 fois meilleur que le tien !

Ta voix fait danser le sel

Comment voir les vibrations du son ?

Le matériel

Petit saladier
film plastique alimentaire
sel • cuillère • casserole • verre

L'expérience

1. Fixe le film plastique alimentaire sur le saladier. Il doit être bien tendu, comme la peau d'un tambour !

2. Dépose dessus une pincée de sel. Tape doucement avec tes doigts sur le plastique, que se passe-t-il ?

3. Parle juste à côté du saladier (sans souffler dessus) : tu peux voir sauter le sel ! Essaie différents bruits : tu peux taper dans tes mains, faire tinter un verre ou une casserole. Le sel saute d'une autre manière.

Comment ça marche ?

Quand tu parles, tu fais vibrer tes cordes vocales. Elles bougent très vite ! Tu peux les sentir en posant ta main sur ta gorge. Les cordes vocales font vibrer l'air, qui fait vibrer le plastique. On le voit grâce au sel. Le son, c'est la vibration qui se déplace dans l'air.

La fleur qui change de couleur

Comment colorer des pétales ?

Le matériel

2 petits verres • encre ou colorant alimentaire rouge et bleu (ou autres couleurs vives) • grande fleur blanche • couteau fin

Avec l'aide d'un adulte

L'expérience

1. Prends 2 petits verres. Mets 10 gouttes de colorant bleu dans le premier, 10 gouttes de colorant rouge dans l'autre. Puis remplis-les d'eau.

2. Il te faut une grande fleur blanche : un oeillet ou une grande marguerite. Demande à un adulte de couper la tige en deux avec un couteau. Il doit la fendre dans le sens de la longueur en partant de dessous la fleur.

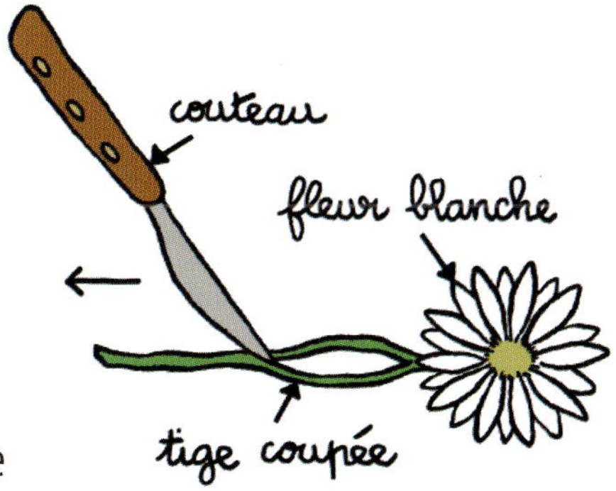

3. Plonge chaque demi-tige dans un verre. Vérifie que la fleur ne tombe pas ! Maintenant, patience. Attends un ou deux jours. Petit à petit, chaque demi-fleur prend la couleur de l'eau dans laquelle elle trempe !

Comment ça marche ?

La fleur transpire par les feuilles et les pétales. Dans la tige, il y a des tubes fins, les « vaisseaux », reliés aux pétales. Lorsque de l'eau s'en va par transpiration tout en haut, cela aspire l'eau du verre qui monte dans la tige, un peu comme quand tu bois avec une paille ! En plus, les vaisseaux sont très fins et leur paroi attire l'eau. Ainsi, elle monte plus facilement ! Résultat : les pétales se colorent.

Un courant de couleur

L'eau chaude remonte super vite !

Le matériel

Petite bouteille (en verre)
encre ou colorant alimentaire • très grand bocal • ficelle

L'expérience

1. Remplis un grand bocal d'eau très froide. Trouve une petite bouteille, en verre si possible. Elle doit être plus petite que le bocal. Noue une ficelle au goulot de la bouteille. Remplis-la d'eau chaude. Ajoute au moins 5 gouttes de colorant. Il faut que l'eau soit foncée.

2. Fais descendre la petite bouteille dans le bocal en la tenant par la ficelle. Essaye de ne pas la renverser !

3. Tu vois l'eau colorée qui sort de la petite bouteille. Elle remonte à la surface et forme un nuage. En attendant un peu plus longtemps, toute l'eau se colore ! Refais l'expérience avec de l'eau froide dans la bouteille. Vois-tu une différence ?

Comment ça marche ?

L'eau chaude remonte à la surface car elle est plus légère, « moins dense » que l'eau froide. En remontant, l'eau chaude emporte le colorant avec elle et tu vois un nuage coloré ! Mais si tu mets de l'eau froide dans la bouteille, elle ne sortira pas en nuage. Le colorant, lui, sortira quand même. Il est fait de petits grains qui s'agitent : partout où il peut aller, il se mélange à l'eau, mais plus lentement ! On dit qu'il se dilue.

Un cocktail multicolore

Pourquoi certains liquides ne se mélangent pas ?

Le matériel

Grand verre transparent • petit verre • petite cuillère
encre ou colorant alimentaire • sirop de fruits • liquide vaisselle • eau • huile

L'expérience

1. Dans un petit verre, mélange 2 gouttes de colorant avec un peu d'eau. Remue bien.

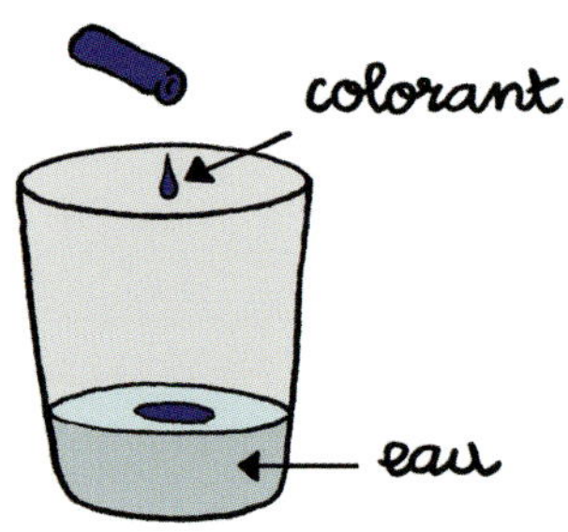

2. Verse du sirop dans le grand verre. Penche-le puis laisse couler le liquide vaisselle le long du verre. Fais pareil avec l'eau colorée mais très doucement, sinon l'eau va se mélanger au liquide vaiselle !

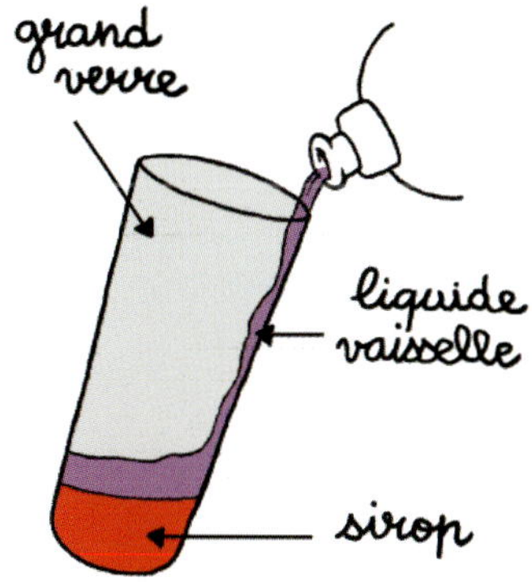

3. Ajoute la dernière couche : huile. Regarde, tous les liquides restent les uns sur les autres ! Essaye de refaire l'expérience en mettant les liquides dans un ordre différent. Ils se mélangent ou retournent à leur place !

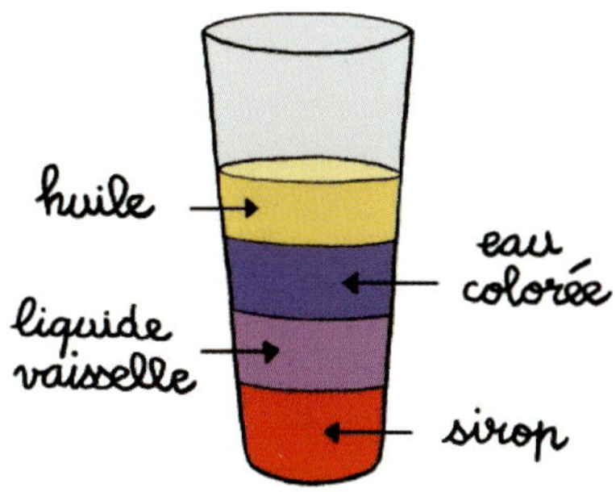

Comment ça marche ?

Certains liquides sont plus lourds, plus « denses » que les autres. Le plus dense, c'est le sirop. Si tu le mets au-dessus des autres, il coule au fond du verre. L'huile par contre, n'est pas dense du tout. Elle remonte toujours en haut. Chacun à sa place dans le verre ! Attention, après l'expérience, vide tout dans l'évier : ce mélange ne doit pas être bu, c'est juste pour la déco !

Un arc-en-ciel sur une bulle

D'où viennent ces couleurs ?

Le matériel

Verre • tube à bulles (bulleur à savon) • carton noir

L'expérience

1. Plonge le manche du tube à bulles dans le savon puis observe l'intérieur de l'anneau. Tu vois une fine couche d'eau savonneuse. C'est un « film » de savon. Il reflète la lumière, un peu comme un miroir.

2. Place-toi au dessus de l'évier et souffle fort dans l'anneau. Le film se gonfle et forme des bulles. Essaie de rattraper une grosse bulle sur l'anneau, sans la faire éclater !

3. Place un carton noir en dessous pour mieux voir la bulle. Observe-la à la lumière du soleil ou d'une lampe. La bulle est pleine de couleurs différentes. On dit qu'elle est « irisée ».

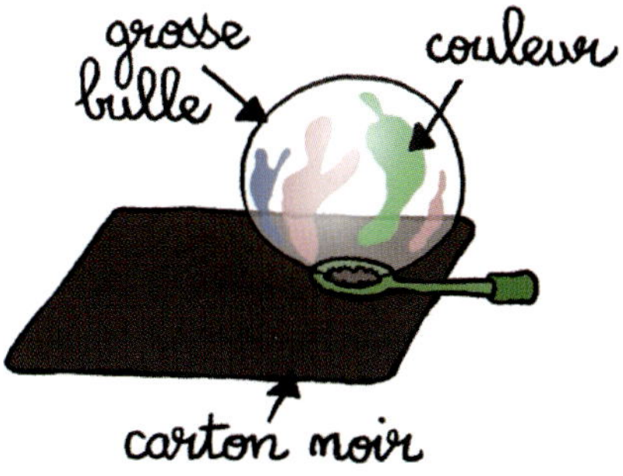

Comment ça marche ?

Les couleurs de la bulle viennent du soleil ou de la lampe. Quand la lumière blanche, qui contient toutes les couleurs de l'arc-en-ciel, se reflète sur la bulle, certaines couleurs disparaissent mais d'autres se voient mieux ! Cet effet multicolore dépend de l'épaisseur du film de savon et de la façon dont la lumière arrive : du haut, du bas ou du côté !

Le volcan à la grenadine

Pourquoi les volcans crachent de la lave ?

Le matériel

Petite bouteille en plastique • sable • bicarbonate de soude
sirop de grenadine ou colorant rouge • vinaigre • grande cuvette

L'expérience

1. Place une petite bouteille au centre d'une grande cuvette. Forme une montagne de sable autour de la bouteille. Ne laisse dépasser que son goulot.

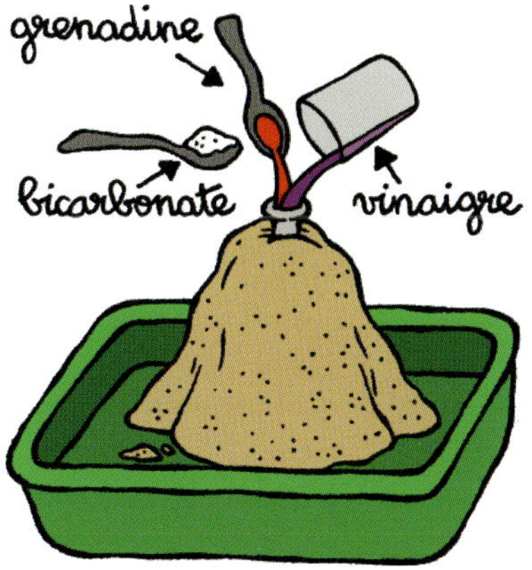

2. Verse 3 cuillères à soupe de grenadine ou 1 cuillère à café de colorant rouge dans la bouteille. Ajoute 1 verre de vinaigre. Puis mets rapidement 2 cuillères à soupe de bicarbonate.

3. Fizzzz ! Ça crépite dans la bouteille, de la mousse rouge sort par le goulot ! La mousse coule sur le sable comme de la lave sur la pente d'un volcan.

Comment ça marche ?

Le bicarbonate de soude et le vinaigre font une réaction chimique. Des bulles de gaz sont produites : c'est du dioxyde de carbone. Comme le gaz prend beaucoup d'espace, il sort de la bouteille. Il entraîne le liquide avec lui ! Dans un volcan, il y a du magma : des roches très chaudes qui ont fondu. Elles contiennent des gaz. Ces gaz entraînent le magma hors du volcan… C'est une éruption !

Le vent tourne en rond

Qu'est-ce qui peut arrêter le vent ?

Le matériel

Paquet de mouchoirs en papier
verre ou gobelet • œuf • petite bougie • allumettes ou briquet

Avec l'aide d'un adulte

L'expérience

1. Demande à un adulte d'allumer une bougie. Pose un paquet de mouchoirs debout devant la bougie. Tiens-le pour qu'il ne s'envole pas. Souffle fort sur le paquet. La flamme ne s'éteint pas.

2. Enlève le paquet et remplace-le par un verre. Souffle. Cette fois, la bougie s'éteint ! Demande à l'adulte de la rallumer.

3. Refais l'expérience avec un œuf que tu tiens couché entre deux doigts. La bougie s'éteint facilement ! Recommence avec des objets de différentes formes. Avec lesquels peux-tu éteindre la flamme ?

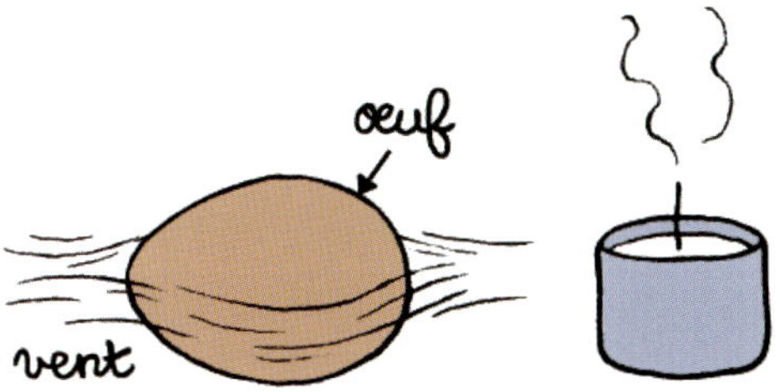

Comment ça marche ?

Le paquet de mouchoirs est plat. Quand le vent arrive dessus, il se cogne puis il part sur les côtés. Comme le verre et l'œuf sont ronds, le vent glisse le long de l'arrondi. Il passe derrière et la bougie s'éteint ! On dit qu'ils ont une forme « aérodynamique ». Avec l'eau, c'est pareil : la proue (l'avant) d'un bateau est pointue ou arrondie pour traverser les vagues.

L'eau s'évapore

Pourquoi les flaques d'eau disparaissent ?

Le matériel

2 verres transparents • assiette creuse • feutre • cuillère à soupe

L'expérience

1. Verse 4 cuillères à soupe d'eau dans deux verres transparents et dans une assiette creuse. Avec un feutre, marque le niveau de l'eau dans chaque verre.

2. Place un des verres près d'un radiateur allumé. Laisse l'autre verre et l'assiette dans un endroit plutôt frais. Attends quelques jours en surveillant régulièrement.

3. Les niveaux d'eau baissent, mais pas de la même façon ! L'eau de l'assiette disparaît plus vite que l'eau du verre au frais… Mais le verre près du chauffage perd son eau encore plus vite !

Comment ça marche ?

L'eau ne disparaît pas, elle « s'évapore » : l'eau de la surface part dans l'air petit à petit et elle devient de la vapeur. Dans l'assiette, la surface de l'eau est plus grande que dans le verre, donc l'eau s'évapore plus facilement ! C'est la chaleur qui permet à l'eau de s'échapper dans l'air. Du coup, l'eau s'évapore mieux près du radiateur, et les flaques d'eau dehors sèchent plus vite au soleil !

C'est toi qui fais

Les expériences des artistes bricoleurs

La danse de l'huile et du sucre

D'où viennent ces boules qui bougent ?

Le matériel

Petite bouteille en plastique • huile • eau colorant alimentaire ou encre • sucre • cuillère à café

L'expérience

1. Remplis la petite bouteille aux trois quarts avec de l'eau. Ajoute quelques gouttes de colorant et remue, puis verse assez d'huile pour former une couche de 3 centimètres à la surface de l'eau.

2. Ajoute 1 cuillère à café de sucre. Les grains restent un instant entre l'huile et l'eau. Puis le sucre traverse l'eau : il tombe au fond en formant une grosse boule de sucre entourée d'huile !

3. Attends un peu… une boule d'huile remonte ! Amuse-toi à rajouter du sucre. Des boules montent et descendent.

Comment ça marche ?

L'huile flotte sur l'eau car elle est moins « dense » que l'eau : pour un même volume, elle est plus légère. Le sucre est plus lourd, il tombe au fond. Les grains de sucre piègent l'huile qui est emportée au fond autour du sucre. Une fois en bas, le sucre relâche l'huile qui remonte ! Cela fait penser à des lampes de décoration appelées « lampes à lave ». Elles fonctionnent avec de la cire et de la chaleur.

C'est toi qui fais
Les expériences des artistes bricoleurs

La colle faite maison

Comment fabriquer de la colle avec du lait ?

Le matériel

Lait • vinaigre • bicarbonate de soude • essuie-tout
2 grands verres • tasse • cuillère à soupe • cuillère à café

Avec l'aide d'un adulte

L'expérience

1. Demande à un adulte de chauffer un grand verre de lait. Attention, le lait ne doit pas être trop chaud. Ajoute 3 cuillères à soupe de vinaigre et remue. Le lait forme des grumeaux : il « caille ».

2. Pose une feuille d'essuie-tout sur un autre verre en formant un creux. Tiens-le d'une main et verse le lait caillé dans le creux. Presse doucement le papier pour que ça coule plus vite, mais ne le déchire pas !

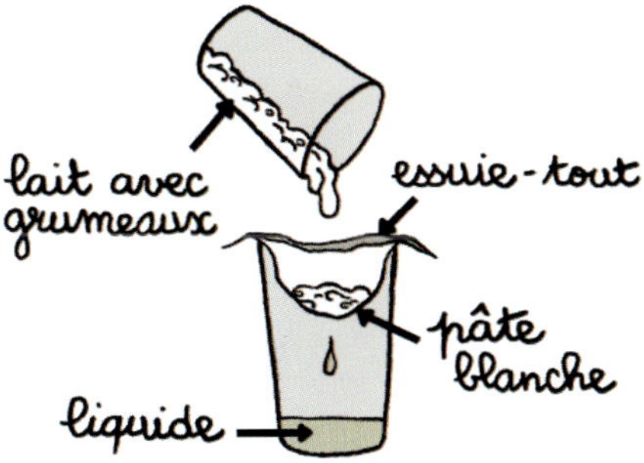

3. Avec la grande cuillère, racle la pâte blanche qui s'est déposée sur le papier. Mets-la dans une tasse. Ajoute la moitié d'une cuillère à café de bicarbonate. Remue avec le manche de la cuillère. La pâte devient lisse et brillante. Tu peux coller du papier avec !

Comment ça marche ?

Dans le lait, il y a des petites protéines qui ressemblent à des mini spaghettis. Le vinaigre contient de l'acide qui s'accroche à ces protéines. À cause de lui, les protéines s'accrochent entre elles et font des grumeaux. Le bicarbonate enlève l'acide, les grumeaux redeviennent alors liquides, mais les protéines sont très emmêlées, comme des spaghettis. Cela donne une pâte collante.

Fabrique un ressort en papier

Pourquoi ce drôle d'accordéon descend l'escalier ?

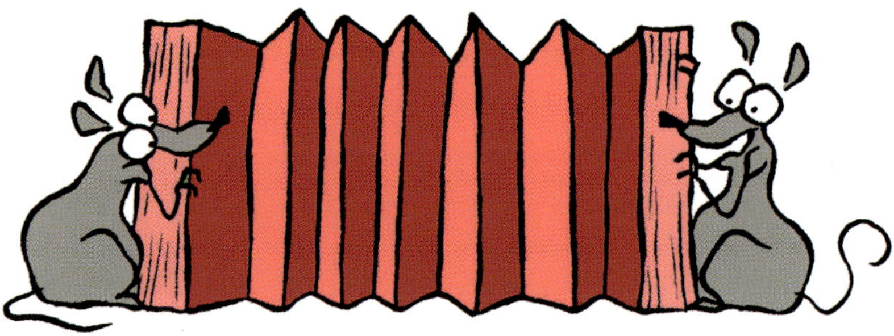

Le matériel

Paquet de papiers pense-bête (grands et carrés) • un escalier ou des livres

L'expérience

1. Prends le dernier papier du pense-bête, en bas de la pile, en le laissant collé à la feuille de protection. Colle un second papier sur le premier : place sa bande collante à l'opposé de celle du dessous.

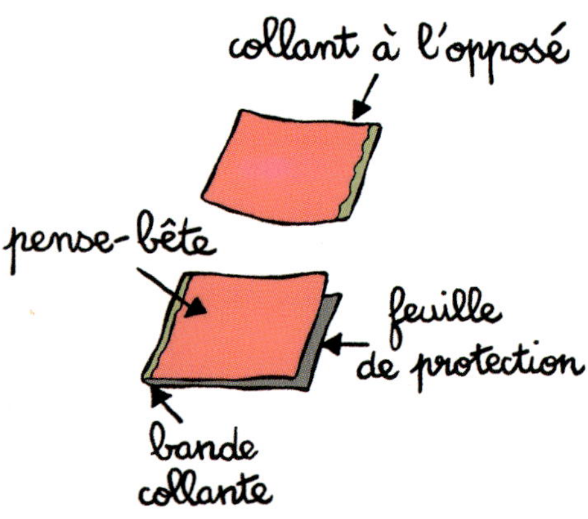

2. Continue de coller les papiers de la même façon. Le but est de former un accordéon avec une centaine de pense-bêtes. Il en existe certains qui sont déjà collés comme cela ! Trouve un escalier aux marches étroites ou fabriques-en un avec des livres.

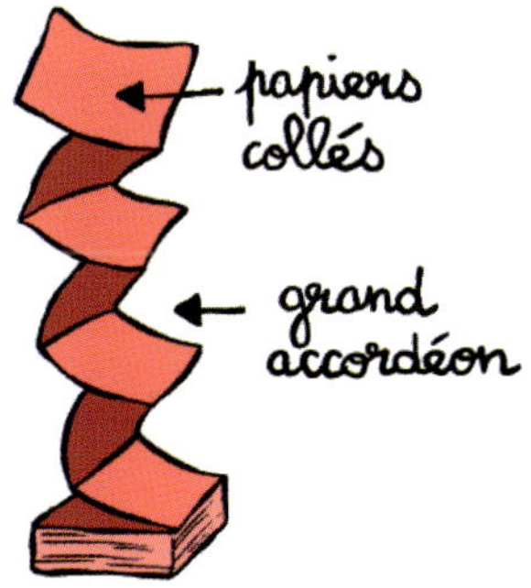

3. Pose l'accordéon au bord d'une marche, en plaçant les côtés collants perpendiculaires au bord. Fais tomber les premiers plis… L'accordéon se déroule puis il descend marche après marche !

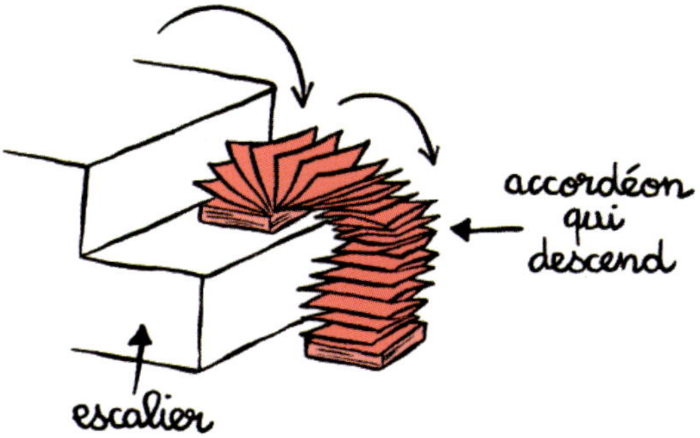

Comment ça marche ?

Les plis tombent car ils sont entraînés par leur poids. Cela étire ton accordéon, un peu comme un ressort. En s'étirant, un ressort emmagasine de l'énergie. Cette énergie lui permet de se replier, puis de se détendre à nouveau. Résultat : boïng ! Ton accordéon rebondit et dévale une autre marche. Tu as fabriqué un ondomania, ce jouet en forme de ressort qui avance tout seul !

Le ciel dans trois gouttes de lait

Pourquoi le ciel est bleu ?

Le matériel

Grand bocal en verre • lampe de poche • lait • feuille de papier cartonné • ruban adhésif

L'expérience

1. Allume une lampe de poche et entoure-la d'une feuille de papier cartonné. Mets des bouts de ruban adhésif sur les bords pour la fixer. Cette feuille empêche la lampe d'éclairer sur les côtés.

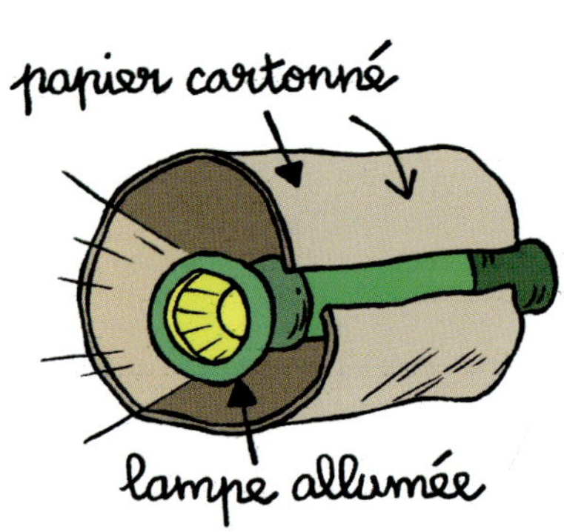

2. Pose la lampe sur une table dans une pièce sombre. Remplis un grand bocal transparent avec de l'eau. Pose le bocal tout près de la lampe. La lumière le traverse.

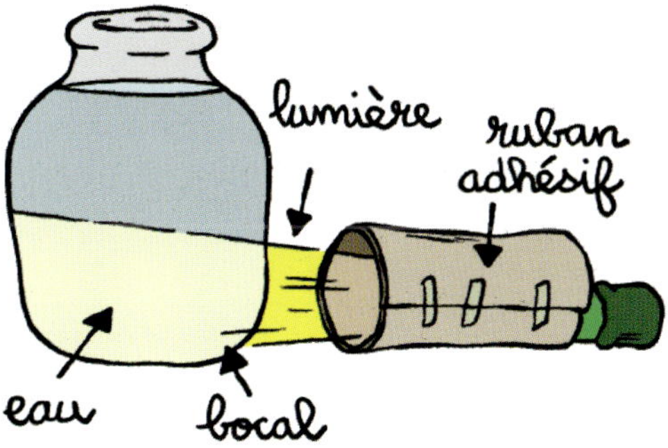

3. Verse la moitié d'une cuillère à café de lait dans l'eau. Remue. Regarde la lampe à travers le bocal : elle est rouge ! Vu de côté, le mélange a des reflets gris-bleu. Si le bocal devient blanc, tu as mis trop de lait, recommence !

Comment ça marche ?

Comme la lumière du soleil, la lumière de la lampe contient les couleurs de l'arc-en-ciel. La lumière rencontre les petites gouttes de lait et change de direction. On dit qu'elle est « diffusée ». La couleur rouge est peu diffusée par les gouttes, elle continue tout droit ! Résultat : tu vois la lumière rouge de la lampe. La couleur bleue, elle, est très bien diffusée, elle part dans toutes les directions ! Tu la vois même sur les côtés. C'est pour cela que le ciel est bleu. L'air et les poussières diffusent le bleu de la lumière du soleil.

La feuille casse-cou

Pourquoi une feuille
tombe plus doucement qu'une bille ?

Le matériel

Feuilles blanches • billes • ruban adhésif

L'expérience

1. Roule en boule une feuille de papier. Prends-la dans une main et prends une feuille à plat dans l'autre main. Lève les bras et lâche les deux feuilles en même temps. Celle en boule tombe plus vite !

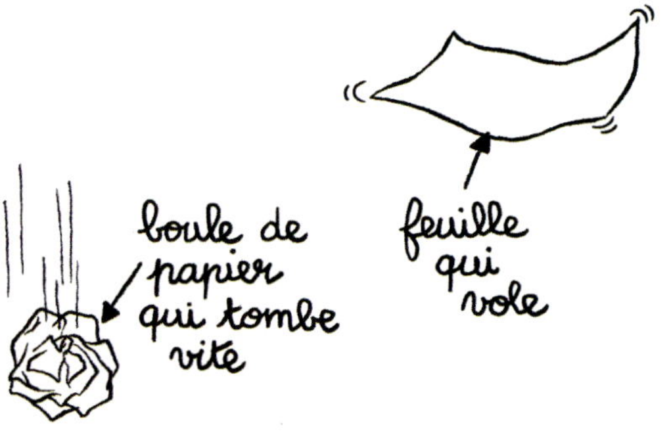

2. Fixe une bille sur une feuille avec du ruban adhésif. Fais-la tomber en même temps qu'une autre feuille. Celle avec la bille tombe plus vite.

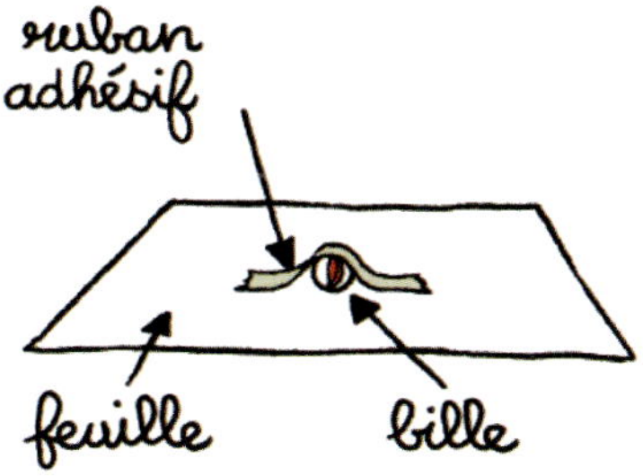

3. Recommence la dernière expérience en ajoutant une bille sur la feuille. Ça tombe encore plus vite ! Ajoute d'autres billes petit à petit. Plus tu fixes de billes, plus la feuille tombe vite.

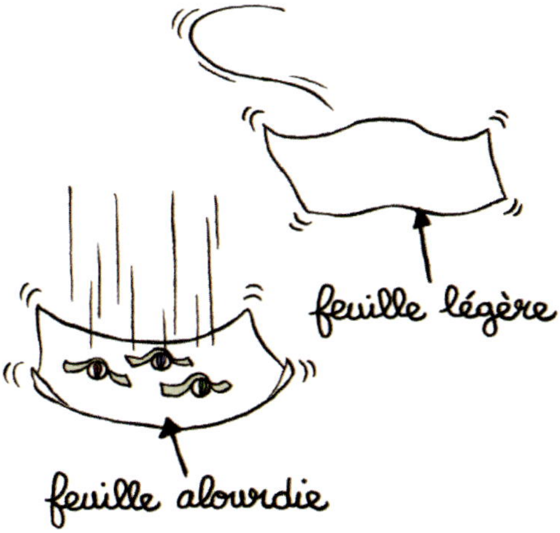

Comment ça marche ?

Roulée en boule, la feuille n'est pas plus lourde. Pourtant, elle tombe plus vite ! C'est à cause de l'air : il frotte contre les objets et ralentit leur chute. Plus leur surface est grande, plus ça frotte ! Une feuille à plat est donc très ralentie. Mais plus un objet est lourd, moins il est sensible aux frottements. La preuve : si tu alourdis la feuille avec des billes, elle tombe plus vite.

T'as une question ? Les expériences pour trouver des réponses

La chaleur passe dans le métal

Pourquoi on cuisine avec une cuillère en bois ?

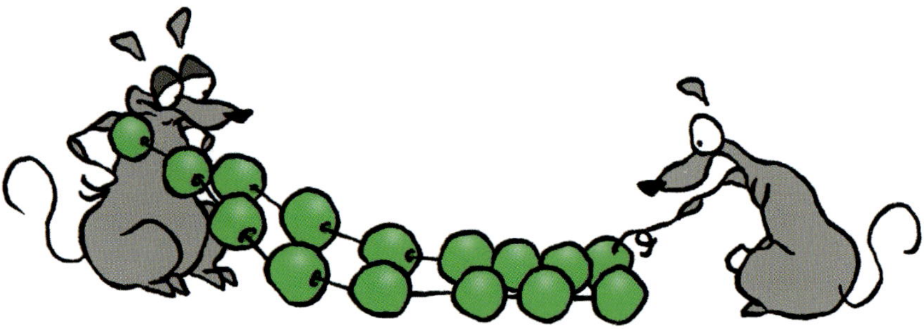

Le matériel

Cuillère en bois • cuillère à soupe en aluminium ou en argent paille en plastique • beurre • 3 perles identiques • grand verre

Avec l'aide d'un adulte

L'expérience

1. Prends une cuillère en bois, une cuillère à soupe et une paille. Mets du beurre sur chaque objet. Il doit toujours être à la même distance du bas de l'objet. Puis pose une grosse perle sur chaque bout de beurre. Elles doivent coller.

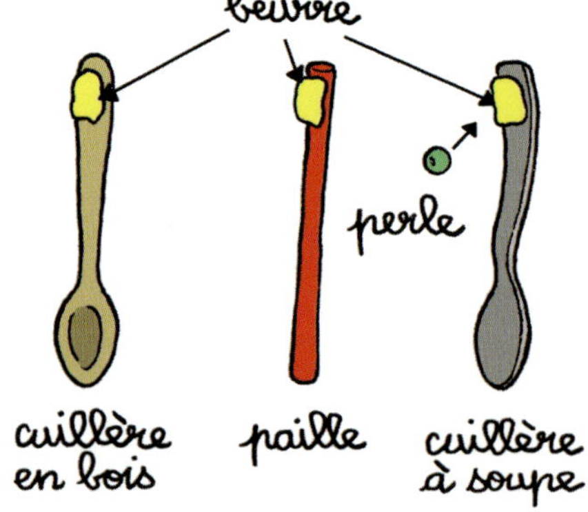

2. Remplis un grand verre d'eau. Demande à un adulte de le faire chauffer au four à micro-ondes. L'eau doit être bien chaude. Puis l'adulte pose le verre dans l'évier avec un torchon. Attention, c'est très chaud ! Mets les objets dans le grand verre avec les perles en haut.

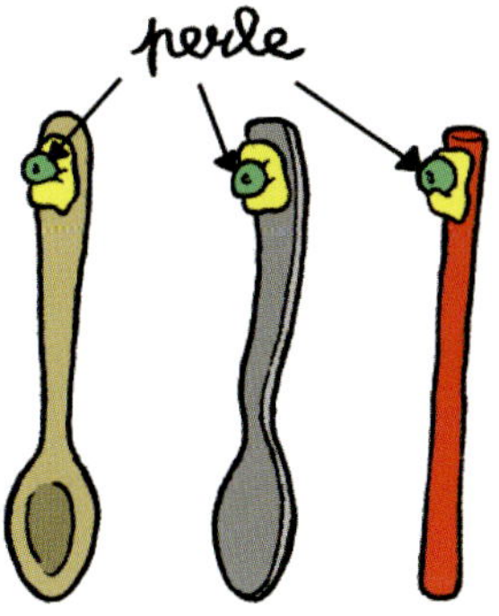

3. Maintenant, patience ! Tu vas voir : le beurre fond et les perles tombent. La perle de la cuillère en métal tombe vite. La cuillère en bois et la paille durent beaucoup plus longtemps. Peut-être que tu n'auras même pas la patience d'attendre !

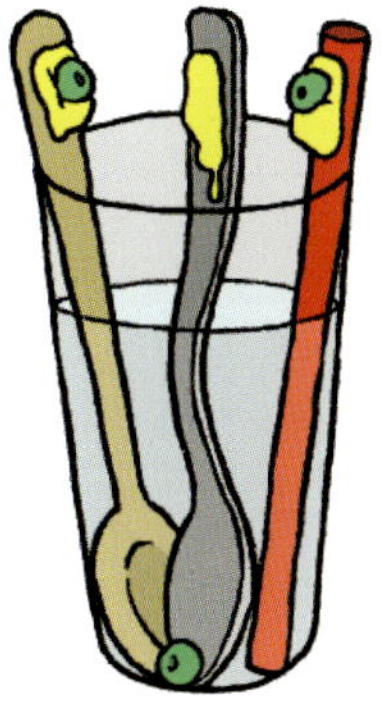

Comment ça marche ?

La chaleur passe d'un objet à l'autre. La chaleur de l'eau remonte dans les cuillères et la paille. La cuillère en métal laisse bien passer la chaleur, sauf si elle est en inox. Donc elle arrive vite jusqu'au beurre : il fond et sa perle tombe ! Par contre, le bois et le plastique ne laissent presque pas passer la chaleur. Quand tu cuisines, prends une cuillère en bois. Tu ne te brûleras pas !

Ce message va s'autodétruire

Comment effacer des mots avec une bougie ?

Le matériel

Teinture d'iode ou Bétadine (en pharmacie)
fécule de maïs ou de pomme de terre • cuillère à café • bougie • allumettes

Avec l'aide d'un adulte

L'expérience

1. Demande à un adulte de faire chauffer un peu d'eau au four à micro-ondes. Ajoute 1 cuillère à café de fécule. Mélange bien. Tu dois obtenir un liquide blanc et gluant. Verses-y 3 ou 4 gouttes de teinture d'iode.

2. Remue ta préparation, elle devient bleu très foncé. On dirait de l'encre ! Avec une allumette cassée, sers-toi de cette encre pour écrire sur une feuille.

3. Attends que l'encre sèche sur le papier. Demande à un adulte de t'allumer une bougie et de passer doucement la feuille au-dessus de la flamme... Le texte disparaît !

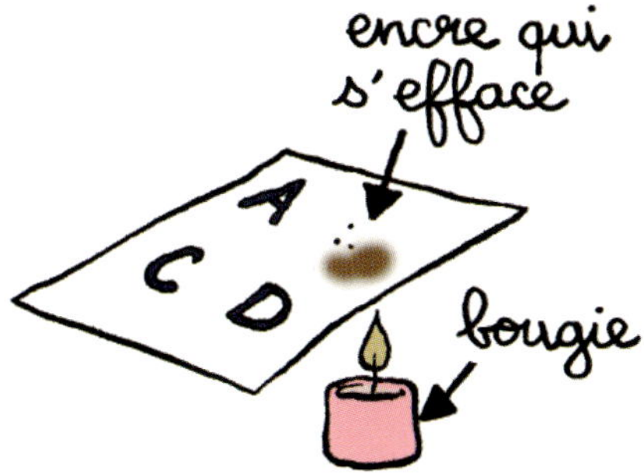

Comment ça marche ?

Dans la fécule, il y a de l'amidon. L'iode et l'amidon se lient pour former un produit bleu : c'est une réaction chimique. Mais ce produit est fragile. Si tu le chauffes, il se décompose ! Maintenant, mets de l'iode sur une pomme de terre crue ou sur de la farine. Ça devient bleu foncé car les plantes ont de l'amidon. C'est un sucre qu'elles stockent dans leurs graines ou leurs racines.

Éteins le feu comme un pompier

Comment éteindre une flamme sans souffler ?

Le matériel

Bicarbonate de sodium ou levure chimique • vinaigre
petite bouteille de 33 cl • cuillère à café • bougie • allumettes ou briquet

Avec l'aide d'un adulte

L'expérience

1. Pose une bougie dehors ou dans l'évier de la cuisine. Demande à un adulte de l'allumer.

2. Dans la petite bouteille, verse 1 cuillère à café de bicarbonate ou 3 cuillères de levure. Ajoute 5 cuillères à café de vinaigre. Remue un peu la bouteille sans rien renverser. Tu vois de la mousse !

3. Attends 1 minute, puis approche la bouteille de la bougie. Penche le goulot sur la flamme, comme si tu voulais renverser le liquide, mais attention, la mousse ne doit pas sortir et le plastique ne doit pas toucher la flamme ! Regarde, la flamme s'éteint !

Comment ça marche ?

Lorsque le bicarbonate et le vinaigre se mélangent, ils fabriquent du gaz : on l'appelle le dioxyde de carbone. Ce sont les bulles qui montent à la surface de la mousse. Le gaz ne sort pas de la bouteille car il est plus lourd que l'air. Quand tu penches la bouteille, le gaz « coule » sur la flamme. Il remplace l'air autour de la mèche ; et sans air, sans oxygène, pas de flamme !

Sur un coussin d'air !

Comment fonctionnent les aéroglisseurs ?

Le matériel

Vieux CD • bouchon en plastique • tire-bouchon
gros ballon de baudruche • ruban adhésif très collant • pince à linge

Avec l'aide d'un adulte

L'expérience

1. Demande à un adulte de faire un trou avec un tire-bouchon dans un bouchon en plastique. Fixe ce bouchon avec de l'adhésif, à l'envers au centre d'un CD. Aligne bien les deux trous pour que l'air puisse passer.

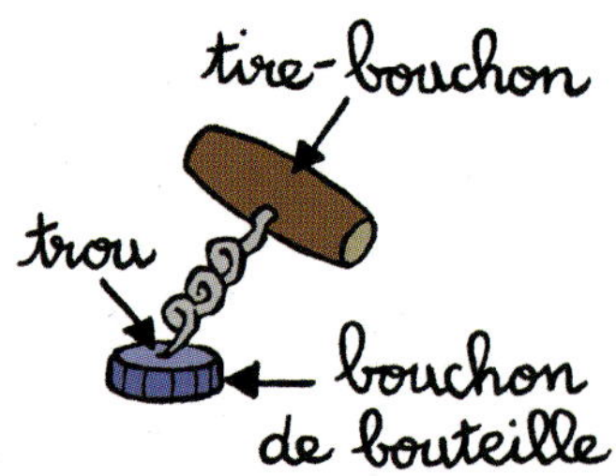

2. Gonfle un gros ballon. Tournicote son goulot et ferme-le avec une pince à linge. Puis étire le goulot pour le placer autour du bouchon. Place le disque sur la table.

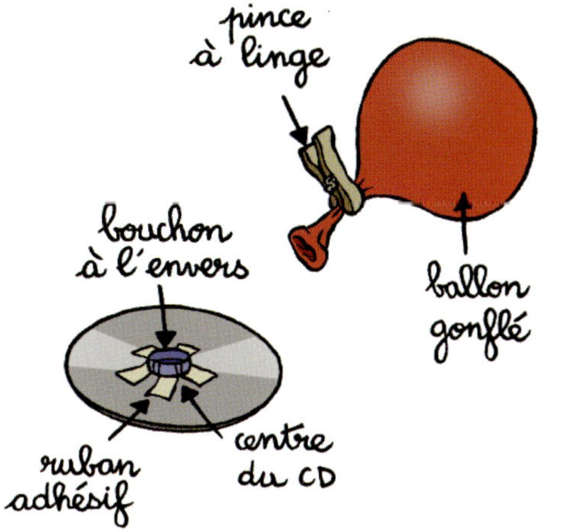

3. Retire la pince à linge. Le ballon se dégonfle et le disque se déplace tout seul ! Pousse légèrement le ballon. Zou ! Il glisse super bien : tu as fabriqué un aéroglisseur.

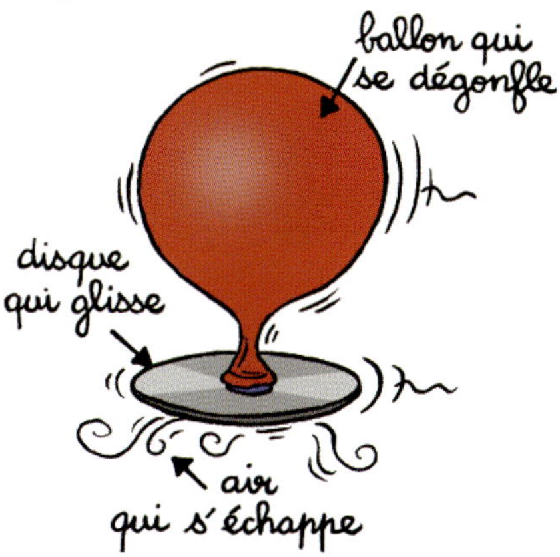

Comment ça marche ?

En s'échappant du ballon, l'air forme une fine couche sous le CD. C'est un « coussin d'air ». Ainsi, le plastique ne touche plus la table. Comme il n'y a pas de frottements, le mouvement n'est pas freiné. Quand tu pousses légèrement le ballon, il se déplace très loin ! Les aéroglisseurs sont des bateaux sur coussin d'air. On les utilise sur l'eau, le sable ou la neige.

Table des matières

Épate tes copains

Ça décolle ! Pourquoi le ballon fonce comme une fusée ? 4
Une balle rebondissante ! Donne de l'énergie à ta balle de ping-pong 6
Carrément maboul, l'équilibre. Pourquoi la règle ne tombe pas ? 8

Touche à tout

La fourchette pas discrète. Comment faire un gros bruit avec une petite fourchette ? 10
Une odeur qui pique le nez. Tu sens quelque chose ? 12
Ta voix fait danser le sel. Comment voir les vibrations du son ? 14

Plein de couleurs

La fleur qui change de couleur. Comment colorer des pétales ? 16
Un courant de couleur. L'eau chaude remonte super vite ! 18
Un cocktail multicolore. Pourquoi certains liquides ne se mélangent pas ? 20
Un arc-en-ciel sur une bulle. D'où viennent ces couleurs ? 22

Explore ta planète

Le volcan à la grenadine. Pourquoi les volcans crachent de la lave ? 24
Le vent tourne en rond. Qu'est-ce qui peut arrêter le vent ? 26
L'eau s'évapore. Pourquoi les flaques d'eau disparaissent ? 28

C'est toi qui fais

La danse de l'huile et du sucre. D'où viennent ces boules qui bougent ? 30
La colle faite maison. Comment fabriquer de la colle avec du lait ? 32
Fabrique un ressort en papier. Pourquoi ce drôle d'accordéon descend l'escalier ? 34

T'as une question ?

Le ciel dans trois gouttes de lait. Pourquoi le ciel est bleu ? 36
La feuille casse-cou. Pourquoi une feuille tombe plus doucement qu'une bille ? 38
La chaleur passe dans le métal. Pourquoi on cuisine avec une cuillère en bois ? 40

Super héros

Ce message va s'autodétruire. Comment effacer des mots avec une bougie ? 42
Éteins le feu comme un pompier. Comment éteindre une flamme sans souffler ? 44
Sur un coussin d'air ! Comment fonctionnent les aéroglisseurs ? 46

Espace des sciences
Les Champs Libres, 10 cours des Alliés, 35000 Rennes
T 02 23 40 66 40

Rendez-vous sur www.espace-sciences.org/enfants

Éditions Apogée
11 rue du Noyer, 35000 Rennes
T 02 99 32 45 95/F 02 99 32 45 98
apogee.rennes@wanadoo.fr
www.editions-apogee.com

Dépôt légal : juin 2010
Achevé d'imprimer en France, sur les presses de l'imprimerie Jouve, Mayenne.

L'avis d'Hubert Reeves :

« Pour l'apprentissage des sciences, il est impor[illegible] de jeu qui a présidé aux grandes découvertes d[illegible] rations et ces manipulations, les enfants déco[illegible] qui ont précédé maints moments de l'histoire des sciences.

Voir de ses yeux, toucher de ses mains les objets de l'expérience, en suivre le déroulement, en constater les résultats, en tirer soi-même les conclusions : tout cela rend bien plus présent à l'esprit la nature du phénomène observé.

L'expérimentation permet de mieux comprendre le phénomène, de le graver plus profondément dans la mémoire… et de s'amuser, en apprenant une science plus concrète, plus proche de nos expériences quotidiennes ! Cette collection "Fais l'expérience !", publiée avec l'Espace des sciences, répond parfaitement à cette ambition. »

Hubert Reeves

Pas besoin d'un laboratoire !
Le matériel est simple,
tu le trouveras chez toi.
Dès 7 ans.

9 782843 983634
Éditions Apogée
ISBN 978-2-84398-363-4
6,50 euros TTC en France

espace des sciences